BEI GRIN MACHT SICH IHR WISSEN BEZAHLT

- Wir veröffentlichen Ihre Hausarbeit,
  Bachelor- und Masterarbeit

- Ihr eigenes eBook und Buch -
  weltweit in allen wichtigen Shops

- Verdienen Sie an jedem Verkauf

Jetzt bei www.GRIN.com hochladen und kostenlos publizieren

Bibliografische Information der Deutschen Nationalbibliothek:

Die Deutsche Bibliothek verzeichnet diese Publikation in der Deutschen National-
bibliografie; detaillierte bibliografische Daten sind im Internet über http://dnb.d-
nb.de/ abrufbar.

Impressum:

Copyright © 2012 GRIN Verlag, Open Publishing GmbH
Druck und Bindung: Books on Demand GmbH, Norderstedt Germany
ISBN: 978-3-668-12091-4

Dieses Buch bei GRIN:

http://www.grin.com/de/e-book/311754/darstellung-unterschiedlicher-computerty-
pen-und-serversysteme

Anna Covic

Darstellung unterschiedlicher Computertypen und Serversysteme

GRIN Verlag

GRIN - Your knowledge has value

Der GRIN Verlag publiziert seit 1998 wissenschaftliche Arbeiten von Studenten, Hochschullehrern und anderen Akademikern als eBook und gedrucktes Buch. Die Verlagswebsite www.grin.com ist die ideale Plattform zur Veröffentlichung von Hausarbeiten, Abschlussarbeiten, wissenschaftlichen Aufsätzen, Dissertationen und Fachbüchern.

Besuchen Sie uns im Internet:

http://www.grin.com/

http://www.facebook.com/grincom

http://www.twitter.com/grin_com

Hausarbeit

im Rahmen des Seminars

INF01 - Grundlagen der Informatik

Anna Covic

zum Thema:

Darstellung und Analyse unterschiedlicher Computertypen und Serversysteme

Inhaltsverzeichnis

1 Einleitung

Computer gehören heute zum festen Bestandteil unseres privaten und beruflichen Alltags. Kein anderes Medium hat unser Leben so stark beeinflusst und verändert wie der Computer. Der Name „Computer" kommt aus dem Englischen und lässt sich ableiten vom Verb „to compute" und bedeutet „Rechner". Nun ist es aber keineswegs so, dass man sich nur eine kleine Rechenmaschine darunter vorstellen kann. Ein Rechner kann darüber hinaus noch weit mehr.

Was genau verstehen wir also unter dem Begriff „Computer"?
Welche Arten gibt es und mit welchen Leistungsmerkmalen?
Wie sind „Server" definiert und was unterscheidet sie voneinander?

Die vorliegende Arbeit versucht, diese grundlegenden Fragen in groben Zügen zu beantworten, um damit das Thema transparenter zu machen.

Im Kapitel 2 werden die Grundbegriffe „Computer" und „Server" erläutert sowie eine Einteilung in verschiedene Typen hinsichtlich ihrer Einsatzgebiete vorgenommen.

Kapitel 3 beschäftigt sich mit den Vorteilen bzw. Nachteilen des Computereinsatzes und schließt im Schlusskapitel 4 mit einer kurzen Einschätzung der verschiedenen Computer in Bezug auf ihre Leistungsfähigkeit und Einsatzmöglichkeiten.

2 Was sind „Computer"?

2.1 Zu den Begriffen „Computer" und „Server"

Ein „Computer" ist laut DIN-Definition „eine Funktionseinheit zur Verarbeitung von Daten, nämlich zur Durchführung mathematischer, umformender, übertragbarer und speichernder Operationen." [1][1]. Demnach ist ein Computer u.a. in der Lage, große Mengen an Informationen zu speichern, diese Daten zu sortieren, Zugehörigkeiten und einzelne Informationen zu suchen, Zuordnungen herzustellen und andere Geräte zu steuern. Diese Eigenschaften, nämlich Daten auf elektronischem Wege automatisch zu verarbeiten, lassen

---

[1] Deutsches Institut für Normung e.V.: [Online] http://www.din.de/cmd?level=tpl-home&contextid=din

sich zusammenfassen unter dem Begriff „Elektronische Datenverarbeitung" oder abgekürzt „EDV". Computer sind frei programmierbare Universalmaschinen, das heißt, der Benutzer gibt etwas ein (Input), der Computer verarbeitet auf eine gewünschte Weise (Programm) die eingegebenen Daten - und liefert ein Ergebnis (Output) [2][2].

Wichtig und bedeutend bei diesem sogenannten „EVA"-Prinzip (Eingabe – Verarbeitung – Ausgabe) [3][3] sind dabei die Verarbeitungsgeschwindigkeit von Computern, die Zerlegung einer Aufgabenstellung in viele Teilschritte, die Lösung durch Wiederholung, die Verwendung von Programmen und die dabei gleichbleibende Genauigkeit. Ein Computer ist qualitativ umso wertvoller, wenn er mit geringem Arbeitsaufwand möglichst viel Leistung erbringt und dies in möglichst kurzer Zeit.

Das Arbeitspotential der Rechner ist seit den Computeranfängen um ein Vielfaches gestiegen wobei sich ihre physischen Abmessungen gleichzeitig um ein Vielfaches reduziert haben. Beispielsweise fanden auf dem ersten PC-Prozessor der Firma Intel aus dem Jahr 1971 ganze 2300 Transistoren Platz. 2010 enthielt ein solcher Mikrochip über 400 Millionen einzelne Transistoren [4][4]. Die Bauformen von Computern haben sich im Laufe der Jahre mit dem technischen Fortschritt und aufgrund der Benutzungsgewohnheiten stark geändert. Doch trotz der äußeren Veränderungen, d.h. in der Form und der Größe, sind der innere Aufbau und die allgemeine Funktionsweise der verschiedenen Rechnertypen zwar nicht gleich, jedoch sehr ähnlich. Unterschiede bestehen in der Leistungsfähigkeit und in der Datenverarbeitungsgeschwindigkeit. Diese werden in den nachfolgenden Kapiteln näher betrachtet.

Als „Server" wird ein Rechner oder ein Programm in einem Netzwerk bezeichnet, der/das anderen Computern (d.h. sogenannten „Clients" oder „Anfrager") oder Programmen spezielle Dienste anbietet [5][5]. Statt Server ist auch die Bezeichnung „Host" gebräuchlich. Server verwalten Ressourcen und halten Informationen bereit, die von mehreren Benutzern abgerufen werden können. Diese Abfrage erfolgt von den „Clients", d.h. einem im Netzwerk angeschlossenen Rechner, der Anforderungen und Aufgaben an einen Server weiterreicht.

---

[2] Westdeutscher Rundfunk Köln; Südwestrundfunk; Bayerischer Rundfunk:

[Online] http://www.planet-wissen.de/natur_technik/computer_und_roboter/geschichte_des_computers/index.jsp

[3] Schwarze, Jochen. *Einführung in die Wirtschaftsinformatik*. 5., völlig überarbeitete Auflage. Herne; Berlin: Verlag Neue Wirtschafts-Briefe GmbH & Co., 2000, S. 46ff.

[4] Multimedia SRF Schweizer Radio und Fernsehen: [Online] http://www.wissen.sf.tv/Dossiers/Technik/Computer-Rechner-schreiben-Geschichte#!videos

[5] Voss, Andreas. *Das große PC & Internet Lexikon 2004*. Düsseldorf: DATA BECKER GmbH & Co. KG, 2003, S.799.

Ein Server ist immer in Bereitschaft, um jederzeit auf die Kontaktaufnahme eines Clients reagieren zu können [6][6].

Im weltweiten Computernetz, welches sich wiederum aus mehreren einzelnen Netzen aufbaut, stellen die einzelnen Computer dieses Netzes ebendiese „Server" dar. Sie können beispielsweise Ressourcen bereitstellen wie Drucker, gemeinsame Daten, Datenspeicherung, Software-Anwendungen oder diverse Kommunikationsanforderungen. Soll der Server nur einer einzigen Aufgabe dienen, nennt man ihn „dediziert" (engl. dedicated server). Ist ein Server nicht „dediziert" (non-dedicated server), kann er noch weitere Aufgaben erledigen [7][7].

Abb. 1.2.1 zeigt einen in ein Netzwerk eingebetteten Server. Dieser enthält wichtige und große Datenmengen, die er den Arbeitsstationen „drumherum", d.h. allen angeschlossenen Rechnern zur Verfügung stellt.

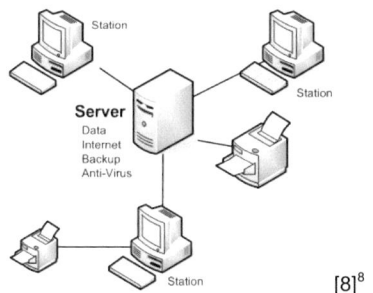

[8][8]

Abb.: 1.2.1 - Copyright © 2006 Intec Software Engineering

---

[6] Wikipedia: [Online] http://de.wikipedia.org/wiki/Computer

[7] Wikipedia: [Online] http://de.wikipedia.org/wiki/Dedicated_Server

[8] INTEC SOFTWARE ENGINEERING PgmbH: [Online] http://erasmus-ganztagsgymnasium.de/portal/module/wiki/index.php?title=Bild:Netzwerk.jpg

2.2 Klassifikation von Computern und Servern in verschiedene Typen

Computer sind verschieden groß und lassen sich entsprechend ihrer Leistungsfähigkeit in folgende sechs Hauptklassen einteilen [9][9]:

- tragbare / mobile Rechner
- Arbeitsplatzrechner / Personal Computer (Universalrechner)
- Workstations / Netzserver / Datenserver
- Abteilungsrechner / vernetzte Workstations
- Großrechner / Mainframe
- Superrechner

Nachfolgend werden die unterschiedlichen Computertypen anhand ihrer Anwendung kurz erläutert. Je vielschichtiger und stärker die Leistung, desto höher werden sowohl Preis als auch Größe der Rechner.

- tragbare / mobile Rechner

Mit zunehmender Miniaturisierung der PC-Bauelemente haben sich immer kompaktere Geräte in Beruf und Alltag durchgesetzt. Solch tragbare, ortsunabhängige Rechner gibt es derzeit in Form von Notebooks, Laptops, PDA´s (Personal Digital Assistants), Handy-Communicators, Tablet-PCs, Pocket-PCs und Navigationssystemen, um nur einige zu nennen.

- Arbeitsplatzrechner / Personal Computer (Universalrechner)

Arbeitsplatzrechner bzw. Personal Computer sind für die „ausschließliche Nutzung durch einen oder wenige Benutzer" gedacht. Sie werden oft als Terminals[a] für Großrechner verwendet oder zu Netzsystemen zusammengeschlossen [10][10].

- Workstations / Netzserver / Datenserver

Workstations sind meist hochleistungsfähige Rechner, auf einen Arbeitsplatz bezogen und stellen meist ein „Mittelding" zwischen PCs und Großrechnern dar. Eingesetzt werden Sie vorwiegend für sehr rechenintensive Spezialanwendungen auf technischem bzw. wissenschaftlichem Gebiet (z.B. für technische Konstruktionen oder diverse grafische Anwendungen); oft auch als Server in kleinen Netzwerken.

- Abteilungsrechner / vernetzte Workstations

---

[9] Schneider, Uwe; Werner, Dieter. *Taschenbuch der Informatik*. München: Carl Hanser Verlag, 2007, S.129.
[a] Terminal=aus Bildschirm und Tastatur bestehend, ermöglicht dem Benutzer, mit einem Computer zu interagieren.
[10] Stahlknecht, Peter; Hasenkamp, Ulrich. *Einführung in die Wirtschaftsinformatik*. 11., vollständig überarbeitete Auflage. Berlin; Heidelberg: Springer-Verlag, 2005, S.15.

6

Diese Art von Rechnern verfügt über eine hohe Rechnerleistung, versorgt mehrere Arbeitsplätze mit ihrer Kapazität und wird teilweise auch als zentraler Rechner eingesetzt [11][11], sofern dieser gut ausgestattet und ausgerüstet ist

- Großrechner / Mainframe

Großrechner („Mainframe") sind Computer bzw. Computersysteme, an denen bis zu mehrere tausend Benutzer angeschlossen sein können[12][12]. Normalerweise greifen sie auf mehrere Speichergeräte mit riesigen Datenmengen zu und verfügen über immens große Arbeitsspeicher. Großcomputer sind so gebaut, dass sie mit ändernder Programmierung die verschiedensten Aufgaben lösen können. Die Bedienung solcher Rechner ist Experten vorbehalten. „Normale" Benutzer haben zu diesen Computern nur über Terminals Zugang. Von einem Terminal aus kann der Benutzer auf für ihn zugelassenen Daten zugreifen, sie lesen und manchmal auch verändern. Keinen Einfluss hat er auf die Programmierung des Computers.

Die leistungsfähigsten und schnellsten Großcomputer finden für extrem rechenintensive Probleme Verwendung, z.B. für militärische Zwecke oder in der Wissenschaft. In diesen Bereichen bestimmen die Verwalter dieser Computer auch die Art der Programmierung. Weitere Beispiele von Großrechnereinsätzen mit großen Datenmengen sind z.B. das Bundeskriminalamt, Versicherungsunternehmen, Banken und Handelsunternehmen[13][13].

Schon allein wegen der Preise ist der Einsatz der Großrechner in erster Linie eben diesen großen Verwaltungen, Versicherungen und Industrieunternehmen vorbehalten.

- Superrechner

Eine spezielle Variante des Großrechners ist der Supercomputer [14][14]. Er verfügt über einen mächtigen Arbeitsspeicher und enorme Rechnerkapazitäten (TFLOPS[b]), so dass er im Bereich der Hochleistungsdatenverarbeitung (HPC = High Performance Computing) angewandt wird. Wegen seiner sehr hohen Rechengeschwindigkeit wird er vor allem für extrem aufwendige Berechnungen eingesetzt, die man in ganz speziellen naturwissenschaftlich-technischen Bereichen vorfindet. Beispiele wären Weltklima-Simulationen, Flugzeugbau oder Weltraumforschung.

Der derzeit „stärkste" bzw. schnellste Superrechner der Welt (siehe Abb. 1.2.2 „K Computer") steht in Japan und liefert eine Leistung von 10.51 „petaflops" (~acht Billiarden Rechenschritte pro Sekunde).

---

[11] Schwarze, Jochen. Einführung in die Wirtschaftsinformatik. 5., völlig überarbeitete Auflage. Herne; Berlin: Verlag Neue Wirtschafts-Briefe GmbH & Co., 2000.
[12] Alexander Kirk, Computerlexikon.Com [Online]: http://www.computerlexikon.com/begriff-grossrechner
[13] IT-online [Online]: http://it-material.de/category/rechner-pc/grosrechner/
[14] ITWissen [Online]: http://www.itwissen.info/definition/lexikon/Supercomputer-supercomputer.html
[b] TFLOPS=Trillions of Floating Point Operations Per Second= Anzahl der durchschnittlich pro Sekunde bearbeiteten Befehle.

[15]¹⁵

Server sind eine spezielle Rechnerart und werden nach der Zahl ihrer Benutzer und nach ihrem Einsatzzweck klassifiziert. Genauso wie man Computer mit zunehmender Leistungsfähigkeit von PCs und Workstations über Abteilungs- und Großrechner zum Superrechner einteilt, kann man Server je nach Größe ihres Einsatzgebietes ebenso gruppieren: vom Arbeitsgruppen-Server (Personal Computer) über den Abteilungs-Server (Workstation) bis zu sogenannten Enterprise-Servern (Großrechner für Unternehmen). Arbeitsgruppen-Server unterstützen mehrere PC-Arbeitsplätze in Bezug auf gemeinsame Dienste. Meist dienen sie als Anwendungs-, Datei-, Druck- oder Web-Server für die Arbeitsgruppen. Aufgrund ihrer höheren Arbeitsspeicherkapazität versorgen die Abteilungs-Server weitaus mehr Arbeitsplätze als die Arbeitsgruppen-Server [16][16].

Sie werden hauptsächlich in großen Unternehmen zur Datensicherung genutzt, aber auch für Email-Dienste sowie Netzwerkverwaltungen. Sind sehr große Datenmengen zu bearbeiten und zu verwalten, kommen Enterprise-Server zum Zug. Ihre Leistungsstärke entspricht jener von Großrechnern.

Die gängigsten Server sind nachfolgend aufgelistet [17][17]:

- Dateiserver
- Zugangs-bzw. Sicherheitsserver
- Mailserver
- Web-Server
- Druckerserver
- Datenbankserver

Ein Dateiserver stellt anderen Computern seine Festplattenkapazität zur Datenspeicherung zur Verfügung. Die Zugangsserver schränken den Zugriff von Computern zu einem

---

[15] Fujitsu: [Online] http://www.fujitsu.com/global/Images/20110620-02bl_tcm100-930320.jpg
[16] Hansen, Hans Robert; Mendling, Jan; Neumann, Gustaf. Wirtschaftsinformatik, 11.Auflage, 2015, S.521ff.
[17] Voss, Andreas. *Das große PC & Internet Lexikon 2004*. Düsseldorf: DATA BECKER GmbH & Co. KG, 2003, S.799ff.

bestimmten Netz ein und gestatten erst nach Passwortabfragen und Benutzererkennungen den Zugang auf den jeweiligen Rechner. Solche Server fungieren als Firewalls.

Mailserver dienen dem Senden und Empfangen von Emails sowie für die Verwaltung von Email-Systemen. Web-Server sorgen für die Anbindung der Benutzer an das World Wide Web und Druckerserver (Printserver) dienen der Verwaltung von Druckern. Ein Rechner, auf dem eine Ansammlung von Daten gespeichert ist, wird von anderen Computern adressiert zwecks Datenabfragen. Dieser Datenbankserver ermöglicht vielen Benutzern gleichzeitig den Zugriff. Wesentlich bei allen Servern ist das richtige Verhältnis der Größe des Rechners zu seinem Verwendungszweck.

3 Vor- und Nachteile der verschiedenen Computerarten

Supercomputer vs. Großrechner

Aus der Fülle an Computern, die es heutzutage auf dem Markt gibt, sollen in diesem Kapitel lediglich die gängigsten und ihrem Einsatzzweck entsprechend ähnliche Rechner miteinander auf ihre Vorzüge und Schwächen verglichen werden. Betrachtet man zunächst die Hightech-Geräte, welche hauptsächlich in der Wissenschaft Forschungszwecken dienen, dann wird sowohl bei Supercomputern als auch bei Großrechnern je ein besonderer Vorteil sowie gleichzeitig je ein offensichtlicher Nachteil sofort deutlich: die sehr große Rechnerleistung ermöglicht Kalkulationen auf einer weitaus intensiveren Ebene als dies mit den normalen „Alltags-PCs" möglich wäre. Dank enormer Arbeitsspeicher und schneller Prozessoren lassen sich komplizierteste Aufgaben lösen, dadurch viele neue Erkenntnisse gewinnen und das meist auf jenen Gebieten, die noch nicht in Gänze erforscht wurden und immer neue Fragen aufwerfen[18][18]

Großrechner und Superrechner werden beide in der Wissenschaft eingesetzt und unterscheiden sich lediglich in ihrer Rechnerleistung, die beim Supercomputer mit Billiarden von Rechnungsschritten pro Sekunde beziffert wird. Beide Rechnertypen haben einen sehr großen gespeicherten Datenbestand, der in Kombination mit der vorhandenen Schnelligkeit Aufgaben auf höchster Ebene bewältigen, analysieren und auswerten kann. Der Nachteil beider Rechner besteht im immens großen Platzbedarf. Die sie beherbergenden Rechenzentren sollten über ausreichende Räumlichkeiten verfügen, da die Rechner eine Vielzahl an Schränken benötigen. Ein weiterer Nachteil finanzieller Art sind die hohen Preise, die eine Nutzung für Privatanwender unmöglich machen. Platz, Kosten und Einsatzzweck

---

[18] Fraunhofer; Fraunhofer-Gesellschaft, Discover Markets [Online] http://www.forschungs-blog.de/tag/supercomputer/

sind die Gründe, warum Superrechner und Großrechner nur Forschungsinstituten, wissenschaftlichen Organisationen bzw. Großunternehmen vorbehalten sind.

Personal Computer vs. Notebooks

Für den Alltagsgebrauch wären solche Computer umständlich, unerschwinglich und überdimensioniert. Im Laufe der Zeit haben sich daher PCs und Notebooks bei den Anwendern durchgesetzt. Heute sind beide Computervarianten in Bezug auf ihre Festplatten- und Arbeitsspeicherkapazität gleich gut. Notebooks haben jedoch den entscheidenden Vorteil, dass sie weniger wiegen als die PCs, die obendrein einmal aufgestellt immobil sind und nur an dem jeweiligen Standort genutzt werden. Ein Notebook hingegen ist transportabel, kleiner in seinen physischen Abmessungen und kann damit benutzerfreundlicher, d.h. vielseitiger und ortsunabhängiger eingesetzt werden. Der PC ist deswegen aber nicht schlechter, sondern nur die etwas unhandlichere Alternative. -
War noch vor Jahren der PC leistungsstärker als das Notebook, hält sich dieses Kriterium heute die Waage. Grundsätzlich ist die Erweiterbarkeit des PCs seine besondere Stärke. Durch den modularen Aufbau und das Hinzufügen von Erweiterungskarten können die Einsatzmöglichkeiten des PCs erheblich erweitert werden. Das Notebook hingegen punktet in der jederzeitigen Verfügbarkeit, egal wo man sich gerade befindet. Gerade im Zeitalter der Globalisierung und der damit verbundenen Reisefreudigkeit der Benutzer, stellt dieser Rechner eine sehr praktische Lösung dar und erfreut sich darüber hinaus wachsender Beliebtheit [19][19].

Mobile Rechner vs. Smartphones

Bei der Kategorie der Kleinstrechner, die alle tragbar sind, lässt sich anmerken, dass –erneut je nach Einsatzzweck- entweder PDAs, Pocket-PCs oder Organizer von Nutzern bevorzugt werden. Diese Geräte verfügen alle über Speicherkarten und Funktionen wie u.a. Adressdatenverwaltung, Uhr, Kalender. Nachteilig sind bei allen Geräten die limitierten Speicherkapazitäten, die mit jenen von Notebooks und PCs nicht verglichen werden können. Zwar sind all diese Miniaturrechner leicht und handlich, -Palmorganizer beispielsweise passen in die Handfläche-, aber der Vorteil der Miniaturisierung endet meist bei der Eingabe von Daten, wenn die Tastatur immer kleiner und unpraktischer wird bzw. Daten wieder mittels Stift eingegeben werden müssen, wie dies bei PDAs der Fall ist. Diese Art von Computern ist mittlerweile unmodern geworden, da die genannten Funktionen bereits in Smartphones und Handys integriert sind, die wiederum wegen ihrer Vielfalt an Applikationen sowie Funktechnologie präferiert werden.

---

[19] http://www.heise.de/newsticker/meldung/Immer-mehr-Haushalte-nutzen-mobile-Rechner-1037141.html

4 Bewertung

Will man heutzutage einen Rechner erwerben, wird man von der Vielfalt erschlagen und kauft schnell etwas, was nicht wirklich optimal für den jeweiligen Käufer ist...Die Kaufentscheidung wird durch den Faktor Preis erschwert. Rechner mit der stärksten Performance und der größten Plattenkapazität würden sich sicherlich für Anwendungen, die über das normale Maß hinaus gehen, gut eignen; sind aber meist so kostenintensiv, dass sich die Frage stellt, ob weniger Leistung nicht auch zum Benutzerziel führt. Eine solche Entscheidung wäre vergleichbar mit dem Kauf eines Luxusautos. „Nice to have", aber es geht ebenso mit weniger – solange der Wagen fährt und letztendlich zum Ziel führt. Bei der Wahl zwischen PC und Notebook steht immer der gewünschte Einsatzzweck im Vordergrund der Entscheidung. Arbeitet man eher unterwegs, wird man mobile Rechner dem sperrigen, schweren PC vorziehen. Es ist eine Frage der Praktikabilität. Ebenso verhält es sich mit den großen Computern. Ein Unternehmen bzw. eine wissenschaftliche Einrichtung wird sicherlich mehr auf die Leistungsfähigkeit des Rechners achten -und ob dieser die gewünschten Aufgaben wird erledigen können- als auf den Preis. Nicht anders ist es mit den mobilen Rechnern. Ob man sich nun für einen PDA entscheidet oder ein Smartphone, hängt vom „Geschmack" des Anwenders ab, der täglich damit arbeitet, sowie von seinen Arbeitsgewohnheiten und den Anforderungen an das Gerät.

Zweck und Ziel eines Computers mitsamt dem dazugehörigen Ausmaß bestimmt immer der Nutzer.

Literaturverzeichnis

[1] Deutsches Institut für Normung e.V.: [Online] http://www.din.de/cmd?level=tpl-home&contextid=din

[2] Westdeutscher Rundfunk Köln; Südwestrundfunk; Bayerischer Rundfunk: [Online] http://www.planet-wissen.de/natur_technik/computer_und_roboter/geschichte_des_computers/index.jsp

[3] Schwarze, Jochen. *Einführung in die Wirtschaftsinformatik.* 5., völlig überarbeitete Auflage. Herne; Berlin: Verlag Neue Wirtschafts-Briefe GmbH & Co., 2000.

[4] Multimedia SRF Schweizer Radio und Fernsehen: [Online] http://www.wissen.sf.tv/Dossiers/Technik/Computer-Rechner-schreiben-Geschichte#!videos

[5] Voss, Andreas. *Das große PC & Internet Lexikon 2004.* Düsseldorf: DATA BECKER GmbH & Co. KG, 2003.

[6] Wikipedia: [Online] http://de.wikipedia.org/wiki/Computer

[7] Wikipedia: [Online] http://de.wikipedia.org/wiki/Dedicated_Server

[8] INTEC SOFTWARE ENGINEERING PgmbH: [Online] http://erasmus-ganztagsgymnasium.de/portal/module/wiki/index.php?title=Bild:Netzwerk.jpg

[9] Schneider, Uwe; Werner, Dieter. *Taschenbuch der Informatik.* München: Carl Hanser Verlag, 2007.

[10] Stahlknecht, Peter; Hasenkamp, Ulrich. *Einführung in die Wirtschaftsinformatik.* 11., vollständig überarbeitete Auflage. Berlin; Heidelberg: Springer-Verlag, 2005.

[11] Schwarze, Jochen. *Einführung in die Wirtschaftsinformatik.* 5., völlig überarbeitete Auflage. Herne; Berlin: Verlag Neue Wirtschafts-Briefe GmbH & Co., 2000.

[12] Alexander Kirk, Computerlexikon.Com [Online]: http://www.computerlexikon.com/begriff-grossrechner

[13] IT-online: [Online] http://it-material.de/category/rechner-pc/grosrechner/

[14] ITWissen: [Online] http://www.itwissen.info/definition/lexikon/Supercomputer-supercomputer.html

[15] Fujitsu: [Online] http://www.fujitsu.com/global/Images/20110620-02bl_tcm100-930320.jpg

[16] Hansen, Hans Robert; Mendling, Jan; Neumann, Gustaf. Wirtschaftsinformatik, 11.Auflage, 2015.

[17] Voss, Andreas. *Das große PC & Internet Lexikon 2004.* Düsseldorf: DATA BECKER GmbH & Co. KG, 2003.

[18] Fraunhofer; Fraunhofer-Gesellschaft, Discover Markets [Online] http://www.forschungs-blog.de/tag/supercomputer/

[19] http://www.heise.de/newsticker/meldung/Immer-mehr-Haushalte-nutzen-mobile-Rechner-1037141.html